SUSHI

KULTUR UND GENUSS

HÄDECKE

SUSHI

KULTUR UND GENUSS

SEBASTIAN DICKHAUT TOKAMI
MICHAEL BOYNY

HÄDECKE

ISBN 3-7750-0503-X

TEXTE UND REZEPTE
Sebastian Dickhaut, Sydney, nach Rezept-Vorgaben des Restaurants Tokami, München.

FOOD-AUFNAHMEN
Michael Boyny, München.

FOOD-STYLING
Michael Pannewitz, München.

LEKTORAT
Mo Graff, Weil der Stadt.

KONZEPTION, DESIGN UND ART DIRECTION
Juscha Deumling, JAM, Büro für ART DESIGN, München.

REPRO
PHG, München

GESAMTHERSTELLUNG
Bosch-Druck GmbH, Ergolding
Printed in Germany

DANKSAGUNG
Wir danken den Mitarbeitern und Chefköchen der »Tokami«-Restaurants in München.

Für die Möglichkeit in den Restaurants zu fotografieren, bedanken wir uns herzlich beim Inhaber Rainer Kucklick.

DIE WELT DER SUSHI 6

sushi belebend und bewegend 8
sushi das phänomen 10
sushi der genuss 12
sushi die frische 15
sushi fische und meeresfrüchte 16
sushi gemüse und algen 20
sushi aroma und essenz 23
sushi messer und schneide 24
sushi fisch vorbereiten 27
sushi geräte und zubehör 28
sushi der reis 30

SASHIMI 32

sashimi das rohe 35
sashimi der genuss 36
sashimi der schnitt 39

NIGIRI SUSHI 40

nigiri sushi formen 43
nigiri sushi maguro 44
nigiri sushi tai und shake 47
nigiri sushi hamachi saba unagi 48
nigiri sushi mit muscheln 51
nigiri sushi ebi ama ebi 52
nigiri sushi uni ika tako 55
nigiri sushi gunkan maki 56
nigiri sushi tamago 59

MAKI SUSHI 60

hoso maki mit fisch 62
hoso maki formen 65
hoso maki vegetarisch 67
futo maki die grosse rolle 68
ura maki inside out roll 71
ura maki formen 72
temaki sushi easy 74
chirashi sushi fast schon sashimi 77

SHIRO MONO 78

suppen wohltuende wärme 80
ocha grüner tee 82
sake reiswein 85

sushi register 86

sushi belebend und bewegend

Itamae heißt der Koch in Japan, und er trägt diesen Titel mit allem Stolz – schließlich sieht er sich als Vertreter der besten Küche der Welt. Das gilt besonders für den Sushi-Koch, der sich sein Können in einer langen, harten Lehrzeit erarbeitet hat. Wenn der Gast ihm dafür den nötigen Respekt zollt, dann teilt der itamae sein Wissen nur zu gerne mit ihm – in Form von erstklassigen sushi. Weitere Worte sind da nur überflüssig.

»Tritt ein und dein Leben bewegt sich«, sagen die Schriftzeichen am Eingang einer Sushibar in Tokio. Drinnen eilen junge Japanerinnen mit dampfenden Suppenschalen umher, Geschäftsleute lachen beim sake, an der Bar diskutiert ein Paar über die Wahl fürs sashimi. Dabei berät sie der itamae, der mit der Ruhe eines Zeremonienmeisters und im Tempo eines Zirkusjongleurs seine Kunstwerke für den Augenblick formt. Auch ins westliche Genießerleben haben sushi inzwischen viel Bewegung gebracht. Die Überraschung dabei: die gleichförmige Kombination von rohem Fisch, gekochtem Reis und kräftigen Aromen bietet subtile Harmonie statt harter Kontraste, vielfältige Abwechslung statt strenger Monotonie. Am Ende eines solchen Mahls kann man nicht anders, als gut gelaunt in den Alltag treten – belebt, bewegt und um eine große Erfahrung reicher.

sushi das phänomen

Der Ursprung von sushi liegt in China und Südostasien, wo vor Jahrhunderten Fisch mit Salz und Reis eingelegt und haltbar gemacht wurde.
In Japan, vor allem in Tokio, wurde diese Methode immer mehr verfeinert und verkürzt. In den Regionen des Landes kann man noch heute die verschiedenen Sushi-Generationen finden – etwa traditionell vergorene funa sushi in der Shiga-Provinz oder gesäuerte, im Kasten gepresste hako sushi in Osaka.

Sushi sind so simpel, dass sie leicht selbst zu machen sind. Warum nur müssen Sushi-Lehrlinge dann Jahre mit Reiskochen und Fisch ausnehmen verbringen, bis sie zum Meister an die Bar dürfen? Und warum gelten nur sushi von der Hand eines solchen reifen itamaes als Kostbarkeiten? Es ist wie in der Kunst: Männchen zeichnen kann jeder; doch um mit wenigen Strichen ein wertvolles Werk zu schaffen, muss man sich durch die ganze Maltechnik gearbeitet haben. Den wahren itamae nun einen Künstler zu nennen, wäre aber nicht richtig.
Er ist eher wie ein passionierter Musiker, der täglich intensiv übt und dabei sein Repertoire Stück für Stück erweitert.
Beherrrscht er ein Werk so weit, dass er ihm eine eigene Interpretation gibt, wird er zum Meister.

Einige solcher Meister müssen daran gearbeitet haben, aus den Ur-Sushi die Delikatessen von heute zu schaffen. Denn angefangen hat alles wie beim Sauerkraut: Auf dem asiatischen Festland wurde Fisch wie Kohl eingesalzen und monatelang im Fass unter Druck vergoren – Reis half dabei nur nach und wurde später weggeworfen. In Japan verschwanden Salz und Druck aus der Sushi-Zubereitung, was Zeit gewann und den Reis genießbar machte. Die Spitze dieser Entwicklung heißen nigiri sushi – entstanden über Jahrhunderte, gemacht in Sekunden. Mit ihrer Konzentration aufs Wesentliche haben die Sushi-Köche zwei weitere Prinzipien der asiatischen Küche verinnerlicht: Nimm nur die frischesten, besten, reinsten Produkte, die zu haben sind. Und vertraue bei der Arbeit mehr auf Gefühl und Geschick als auf Mengen und Zeiten.

Danach haben wir uns auch bei der Arbeit an diesem Buch gerichtet. Auf Zutaten, die in Europa nur selten in guter Qualität zu bekommen sind, wurde bei den Rezepten verzichtet. Die Zubereitungen selbst vermitteln die Grundidee des Sushi-Machens – für erste Erfolge zu Hause und als Basis für die Meisterschaft mit Messer und Matte. Wer die erreichen will, muss es machen wie der wahre Sushi-Schüler: Schauen, schauen, schauen – üben, üben, üben. Zu viel des Guten? Dann genießen Sie einfach nur dieses Buch mit seinen authentischen Aufnahmen und Anregungen aus dem Reich der sushi – danach finden Sie wie von selbst zu den besten Stücken aus Fisch und Reis in Ihrer Nähe.

sushi der genuss

Auch für Anfänger sind maki sushi (kleines Bild) leicht mit Stäbchen zu essen. Doch damit nigiri sushi (grosses Bild) auf diese Weise den Weg zum Mund heil überstehen, braucht es Meister vor und hinter der Theke. Aber zum Glück dürfen sushi ja auch ganz stilecht mit der Hand gegessen werden – für viele Fans ist das sogar die reinere Methode. Eindeutig tabu: sushi anbeissen. Weswegen ein sperrige Happen schaffender itamae eher untalentiert als großzügig ist.

Der ideale Platz für sushi ist die Bar. Hier kann der itamae sein Können zeigen und den Respekt der Gäste ernten. Diese wählen zum Einstieg sashimi, damit der Meister seine besten Stücke vorführen kann. Dazu wird Sojasauce serviert, in die der Gast wasabi rührt. Die Fischstücke werden mit Stäbchen aufgenommen, in die Sauce gedippt und auf einen Happen genossen. Etwas eingelegter Ingwer danach macht den Gaumen frei für den nächsten Bissen. Als nächstes kommen sushi – wieder mit Ingwer, aber mit Sojasauce pur, falls der wasabi schon in den sushi steckt. Nigiri werden mit der Fischseite in die Sauce getaucht und auf einmal in den Mund gesteckt. Maki werden kurz mit dem Anschnitt in die Sauce gedippt, weil sich sonst der Reis schnell vollsaugt. Und zwischendurch den Schluck Wasser, grünen Tee oder Miso-Suppe zur Reinigung nicht vergessen!

sushi die frische

Der Sushi-Belag wird in Japan tane genannt, bei den Fischen kennt man dabei drei Farb- und Aromatöne: rot (aka mi) wie das fette, geschmackvolle Fleisch von Thunfisch, bonito oder Lachs; weiß (shiro mi) wie das transparente, erfrischende Fleisch von Flunder, Meerbrasse oder Wolfsbarsch; und »leuchtend« (hikari mono) wie die Haut von Seehecht, Makrele oder Sardine, die vor dem Belegen mit Essig und Salz gebeizt werden. Nimono dane heißt würzig Gegartes wie Meeraal oder Oktopus.

Japans Köche sind Besessene im besten Sinne – besessen vom Wunsch nach Qualität. Ihre Obsession gilt dabei dem Fisch. Denn er ist es, der aus schlichten sushi funkelnde Juwelen macht und die Aromen verbindet. Guter Sushi-Fisch muss zur richtigen Zeit am richtigen Ort auf die richtige Art gefangen werden. Und der gute itamae vertraut Fisch nur im Ganzen, weil er so seine wahre Frische zeigt. Sind die Augen klar und prall, die Kiemen rot und feucht, glänzt dazu die Haut und ist das Fleisch darunter fest, ist der Fisch frisch. Riecht er nach Fisch, ist er es nicht. Der Geruchstest ist auch der zuverlässigste beim Filet, das außerdem glänzend, leicht feucht sowie gleichmäßig glatt sein soll. Wichtig ist, aus welchem Teil des Fischs es stammt. Der Rücken zum Kopf hin gilt als das beste Stück, nur bei Thun- und Schwertfisch wird der mit Fett marmorierte Bauch mehr geschätzt.

SHAKE LACHS

Japans Lachse sind roh kein Genuss, weswegen die Farbe Orange lange tabu für sushi war. Bis itamae die europäischen und kanadischen Verwandten des fetten, zwischen Fluss und Meer pendelnden Fisches entdeckten. Heute ist shake nach maguro weltweit die Nr. 2 als tane – und erste Wahl für frischen Fisch in Europa. Details zur Schnitttechnik auf Seite 39.

EBI GARNELEN

Ebi als tane ist edel und so vielfältig wie die Garnelenfamilie selbst. Neben diversen Tiefseegarnelen können auch Hummer, Heuschreckenkrebse oder Scampi verwendet werden. Nur ganz frische Tiere werden roh serviert, üblicher sind gegarte ama ebi.
Details zum Garen auf Seite 52.

SUZUKI WOLFSBARSCH

Wie der Lachs ein Wanderfisch, gehört suzuki zu den feinsten »weißen« Sushi-Fischen und wird besonders vor der Laichzeit im Sommer geschätzt. Im Winter wird das fettere Fleisch durch Wenden in Eiswasser delikat. Weitere beliebte »Weißfische« sind Meerbrasse, Gold-, Stachel- und Bastardmakrele. Schnitttechnik Seite 27.

MAGURO THUNFISCH
Das rote Fleisch des warmblütigen Fisches erinnert an Rind oder Kalb und ist heute das Nonplusultra für Sushi-Fans – je fetter, je besser. Anders als noch vor 50 Jahren, als allenfalls das magere Rückenfleisch des maguro geduldet war. Alternativen sind bonito und Schwertfisch. Details zu Schnitt-Technik und Fleischqualität auf Seite 39 und 44.

SABA MAKRELE
Mit ihrem schillernden Äußeren ist saba ein typischer Fisch für den hikari mono, bei denen der Sushi-Belag samt Haut mit Salz und Essig mariniert wird.
Alse und Sardine zählen ebenfalls dazu, nicht aber Bastard-, Stachel- und Goldmakrele. Details zur Verarbeitung auf Seite 48.

MEERESFRÜCHTE
Die Arme des Oktopus, tako, werden gegart als Belag für nigiri sushi geschätzt. Ika, Tintenfisch ist auch roh mit Biss beliebt. Weitere Spezialitäten sind anago (in Würzsud gegarter Meeraal) und als relativ junge tane Rogen von Fischen oder auch vom Seeigel. Details ab Seite 55.

HOTATEGAI JAKOBSMUSCHEL

Muscheln gelten in Japan als rare, edle tane, die meist roh mit Biss geschätzt werden. Bei der auch im Westen bekannten Jakobsmuschel wird dazu der weiße Muskel dünn aufgeschnitten. Wird hotategai gegart, darf dies nur wenige Sekunden dauern, sonst wird sie zu fest. Details auf Seite 51.

AKAGAI ROTE VENUSMUSCHEL

Diese manchmal bizarr geformte Tropenmuschel wird auch Archenmuschel genannt. Am besten ist sie im Herbst, wenn das Fleisch einen satten orange-roten Ton hat. Fein aufgeschnitten gilt es roh als besonderer Genuss. Details auf Seite 51.

HOKKIGAI TROGMUSCHEL

Europas Trogmuschel entspricht zwar nicht ganz der japanischen hokkigai, steht ihr aber nahe. In ihrer Schale stecken zwei längliche Muskelteile, die mit ihrer Hell-Dunkel-Färbung schön als tane wirken. Oft werden sie blanchiert. Details auf Seite 51.

HAMAGURI VENUSMUSCHEL

Auch diese Muschel ist in Europa erhältlich, allerdings nicht immer in ausreichender Größe für nigiri sushi. Sie wird immer gegart. So kann man sie mit kochendheissem Sirup aus Sojasauce, mirin und etwas Zucker übergießen und darin einige Stunden ziehen lassen.

AVOCADO

Die Kalifornier waren die ersten Sushi-Fans außerhalb Japans, und zum Dank haben sie den itamae die Avocado geschenkt. Die waren schnell begeistert von der leuchtend grünen Frucht mit dem hohen Fettgehalt, die vor allem in gerollten und vegetarischen sushi verwendet wird.

SHOGA INGWER

Gari shoga, der rosafarbene mit Salz und Zucker eingelegte Ingwer, reinigt traditionell Zunge und Gaumen zwischen den Sushi-Happen (Rezept auf Seite 68). Frisch gerieben wird Ingwer zum Beizen und Garnieren von stark schmeckendem Fisch wie Bonito oder Sardine verwendet.

KYURI GURKE

Japans Gurken sind fest, aromatisch und können samt Kernen für sushi verwendet werden. Die europäische Salatgurke dagegen kommt entkernt z. B. in kappa maki (Seite 67), weil sie sonst zu wässrig wird. Weitere Sushi-Gemüse: kampyo (getrockneter Kürbis), Lauchzwiebeln, grüner Spargel, Auberginen (vorgegrillt).

SHIITAKE PILZE

Sie werden auf Baumstämmen gezüchtet, weswegen man sie nur abreiben statt waschen muss. Frische shiitake werden entstielt und vor der Verwendung kurz blanchiert oder gegrillt. Getrocknete Pilze 1 Stunde in warmem Wasser oder noch besser mehrere Stunden in kaltem Wasser einweichen.

NORI SEETANG

Die getrockneten Blätter aus gepresstem Seetang werden für maki sushi verwendet und nach Tokio-Art kurz über offener Herdflamme oder unterm Grill geröstet. Meist aber stecken Nori-Blätter schon vorgeröstet dunkelgrün in der Verpackung. Einmal angebrochen, müssen sie luftdicht und kühl aufbewahrt werden.

DAIKON RETTICH

Der weiße Rettich ist Japans Standardgemüse, dabei milder als der europäische. Er regt die Verdauung von fettem Fisch an und ist klassischer Begleiter zu sashimi – roh geraspelt und in Eiswasser gelegt. Weitere anregende Garnierungen: Radieschen, Rettichsprossen, Lauchzwiebeln, Kresse.

Das Geheimnis der Sushi-Harmonie liegt in der Konzentration. Der itamae richtet seinen Focus auf Qualität und Zuschnitt der Fische sowie den Reis, um dann beides sekundenschnell zu verbinden. Dabei bündelt sich Jahrhunderte alte Tradition und jahrelange Lehrzeit in wenigen Handgriffen. Aufwendig hergestellte Konzentrate geben diesen Verbindungen ihre Kraft: wasabi etwa, Japans grüner Meerrettich. In gut 5 Jahren wächst er zur 10 cm langen, höllisch scharfen Wurzel heran. Die ist rar und teuer, weswegen er ausserhalb Japans fast nur als Pulver zum Anrühren oder als Paste zu haben ist. Für die Süße sorgt mirin, ein Reiswein zum Kochen. Reisessig – su – bringt Säure. Er ist milder als europäischer Essig und wird auch gesüßt als Sushi-Essig angeboten.

Soja sorgt fürs Salz zum sushi – in Form von shoyo, der milden japanischen Sojasauce zum Dippen. Klassisch dunkle koikuchi shoyo wird über 6 Monate aus Sojabohnen und Weizen gebraut, ausserdem gibt es die hellere, salzigere usukuchi shoyo. tamari heisst die mit weniger Weizen gebraute Version. Nichts für sushi ist salzigere chinesische Sojasauce. Echte Fans kochen 10 Teile dunkle Sojasauce mit 1 Teil Wasser auf und servieren diese milde Variante abgekühlt als Dip.

sushi messer und schneide

Damit sushi wirklich rein und pur schmecken, muss alles sauber sein, das mit ihnen in Berührung kommt. Daher wäscht sich ein guter itamae während der Arbeit nicht nur oft die Hände, sondern wischt auch die Messerklinge immer wieder ab – stilecht mit angefeuchteten hoshi bori (kleines Bild) oder schlichter mit einem frischen Küchentuch. Ehrensache ist auch das Schleifen der Messer vor und nach dem Gebrauch, was den weichen Stahl stets scharf hält.

Ein itamae kann nur so gut wie seine Messer sein. Als Schüler darf er erst nach zwei Jahren zum »hocho« greifen, und dann kann es ein halbes Jahrzehnt dauern, bis er den goldenen Schnitt beherrscht. Versteht ein itamae, aus einem Thunfisch die besten Stücke für sushi zu holen, genießt er größeres Ansehen als jeder Metzgermeister. Er selbst richtet den Stolz ganz auf seine Messer, die aus dem selben Stahl wie Samuraischwerter geschmiedet sind. Die weiche Klinge mit hartem Kern ist nur auf einer Seite geschliffen, so dass sich damit wie mit einem Skalpell arbeiten lässt. Das gilt besonders fürs lange, dünne sashimi hocho zum Zuschneiden der Filets. Für die Fischvorbereitung wird das banna hocho mit kürzerer, aber breiter Klinge verwendet. Ideal zum Hacken und Gemüseschneiden ist das beilförmige nakiri hocho.

sushi fisch vorbereiten

Anders als Lachs oder gar Thunfisch eignen sich kleinere Fische, wie hier Wolfsbarsch, gut dafür, um im Ganzen verarbeitet zu werden. San mai oroshi nennt sich die Methode, nach der sie in zwei Filetstücken von der Gräte gelöst werden. Nach Samurai-Sitte wird dabei das banna hocho zuerst am Rücken angesetzt. Doch inzwischen ist es auch üblich, mit dem Bauchschnitt zu beginnen, um so den Fisch eher und leichter ausnehmen zu können.

1 Zum Abtrennen des Kopfes das Messer von der Bauchseite her schräg an die Kiemen des geschuppten Fisches setzen. Den Kopf mit einem Schnitt in Richtung Rücken lösen. Auf der anderen Seite wiederholen, den Kopf entfernen. Fisch mit dem Schwanz nach rechts aufs Brett legen.

2 Bauchseite am Kopfende einstechen, Messer an der Mittelgräte entlang zum Schwanz durchziehen. Bauchhöhle ausnehmen, ausspülen. Rücken mit der Klinge vom Schwanz zum Kopfende bis zur Mittelgräte einschneiden. Filets an der Mittelgräte entlang je nach Fisch vom Kopf zum Schwanz (rechts) oder umgekehrt ablösen.

3 Gräten und Hautreste entfernen. Filet mit Schwanzende nach links parallel zum Brettrand auf die Hautseite legen. Fleisch mit schmalem Messer am Schwanzende schräg einschneiden, Klinge fast glatt gegen das Brett halten. Schwanzende in einem Zug nach links ziehen oder Messer nach rechts durchziehen – bis die Haut sauber gelöst ist.

4 Zum Schluss werden die Filets je nach Größe und Verwendung zugeschnitten. Kleine Filets wie diese werden meist für sashimi und nigiri sushi verwendet und dazu im Ganzen schräg aufgeschnitten, mehr dazu auf Seite 39 und 47.

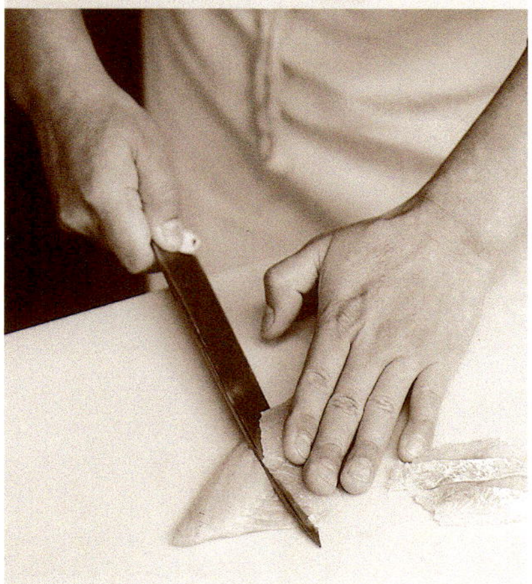

HANGIRI UND SHAMOJI

Traditionell wird Sushi-Reis zum Abkühlen mit einem Holzspatel – dem shamoji – im hangiri gewendet. Dieser weite Bottich mit flachem Boden ist meist aus dem Holz der Zeder oder japanischen Zypresse gearbeitet, das Feuchtigkeit gut aufnimmt. Eine unglasierte Steingutschüssel tut dies ebenfalls. Für Einsteiger eignen sich eine weite Keramik- oder Kunststoffschüssel sowie Pfannenwender oder Kochlöffel. Tabu ist dagegen Metall, da es mit Reisessig reagieren kann.

TAMAGO YAKI KI

Das japanische Omelett heißt tamago, das in mehreren Schritten, z. B. für den Belag von nigiri sushi, zubereitet wird. Damit dies nach Sushi-Art perfekt und akkurat gelingt, wird es im tamago yaki ki gegart. Die schwere Pfanne ist etwa 20 x 30 cm groß und 3 cm hoch. Ist sie beschichtet, gelingt das Omelett am leichtesten. Als Ersatz kann man eine runde Pfanne mit etwa 25 cm Durchmesser verwenden und das fertige Omelett passend zuschneiden.

MAKISU

Zum Formen von Sushirollen ist die Matte aus feinen Bambusstäben ein Muss. Es gibt größere mit einseitig gerundeten Stäben und kleinere mit völlig runden. Sehr wichtig ist, dass die Matte beim Formen völlig trocken und sauber ist. Nach der Verwendung wird sie gründlich mit einer nassen Spülbürste geschrubbt und klar abgespült. Dann die Matte am besten über Nacht zum Trocknen aufstellen oder -hängen, damit sie gut durchlüftet und kein muffiger Geruch in ihr hängenbleibt.

OROSHI GANE

Um Ingwer zum Garnieren, Marinieren oder Garen von Sushi-Belag ganz klein zu bekommen, verwenden Japans Köche diese besonders feine Reibe, die auch den Saft der Wurzel sammeln kann. Eine Muskatreibe eignet sich gut als Ersatz – allerdings darf sie dann für nichts anderes verwendet werden. Außerdem gibt es Ingwerreiben aus Porzellan.

Hat ein itamae das seltene Glück, mit frischer Wasabi-Wurzel arbeiten zu können, reibt er diese gerne stilecht auf getrockneter Haifischhaut.

Extra für Sushi gibt's japanischen Rundkornreis im Asienladen, italienischer Reis ist eine gute Alternative. Gegart sollte er etwas mehr Biss als normaler Reis haben. Damit dies so bleibt und nichts verklebt, muss er nach dem Garen schnell gelockert und abgekühlt werden. Fertiger Sushi-Reis wird mit einem feuchten Tuch bedeckt und bei Zimmertemperatur oder in der Kühltasche aufbewahrt – nie im Kühlschrank und nie länger als einen halben Tag. Sonst wird er trocken.

Jeder itamae hat seine Methode beim Reiskochen. So gelingt der Reis auch dem Einsteiger: In einen Topf mit 400 g Rundkornreis kaltes Wasser laufen lassen, Reis aufwirbeln. Reicht das Wasser an den Rand, abgießen. Zwei- bis dreimal wiederholen, bis das Wasser klar ist. Reis im Sieb 1 Stunde quellen lassen. Im geschlossenen Topf mit 1/2 l Wasser und einem 10 cm langen Stück kombu aufkochen, 1 Minute stark kochen lassen. Auf kleinster Stufe 15 Minuten quellen lassen. Reis neben dem Herd ohne Deckel weitere 15 Minuten quellen lassen. 6 EL Reisessig mit 3 TL Salz und 3 TL Zucker erhitzen, bis sich alles aufgelöst hat. Reis mit Spatel in weiter Schüssel (Seite 28) lockern und abkühlen lassen. Dabei mit dem Spatel »Schnitte« durch den Reis ziehen, so dass er nicht gepresst wird. Fächern beschleunigt das Abkühlen. Nun Sushi-Essig nach und nach untermengen.

sashimi das rohe

Bei sushi vereinen sich einzelne Zutaten zu Schmuckstücken. Bei sashimi dagegen wird wie bei kostbarsten Edelsteinen mehr an der Fassung gearbeitet – den Garnituren. Das sind oft feine Fäden, wie sie die Seetang-Art ogo nori von Natur aus bietet, meist ergänzt durch dünne, gewässerte Streifen von Möhre, daikon – Rettich oder Gurke.

Am Anfang ist das Reine: frischer Fisch, am Morgen im Meer gefangen oder eben aus dem Salzwasser-Bassin geholt. Das Pure: blankes Filet, von dem keine Aromen und Zutaten ablenken. Das Beste: geschmackvolle Teile, mit knappen Schnitten in Idealform gebracht. Am Anfang ist das Rohe: sashimi. Sushi essen beginnt mit sashimi, die die Zunge subtil, aber kraftvoll aufs Kommende einstimmen. Dafür geben alle ihr Bestes: der Händler, der den Thunfisch nur auf einer Seite liegen lässt, und der itamae, der sich darauf konzentriert, Geschmack und Schönheit der Zutaten zur Geltung zu bringen. Er wählt dafür Fische mit »Ausdruck« und nimmt gerne deren fetteste, aromatischste Stücke – was Sushi-Fans mit Vorliebe für california rolls überraschen kann, Austernliebhaber dagegen begeistern wird. An sashimi zeigt sich, wer ein Sushi-Meister ist. Als Koch wie als Genießer.

sashimi der genuss

Damit sashimi wirklich rein schmeckt, soll es so »jungfräulich« wie möglich sein. Ein aufmerksamer itamae richtet es daher eher mit Stäbchen statt mit seinen Händen an – und zwar so, dass die Stücke später genauso leicht mit Stäbchen wieder aufgenommen werden können. Ein echter Sashimi-Meister achtet beim Arrangieren auch darauf, ob sein Werk von einem Rechts- oder Linkshänder genossen wird.

Kann Minimalismus prachtvoll sein? Sieht so aus, wenn man sich Sashimi-Arrangements eines guten itamae betrachtet. So wie ein erfahrener Maler aus den Grundfarben mit ein paar Pinselstrichen ein spannungsvolles Bild schaffen kann, so gestaltet der Sushi-Profi seine sashimi. Er sucht dabei Kontraste in Optik, Geschmack und Textur, und er findet sie in der Vielfalt der Zutaten. Die Harmonie entdeckt er nicht in der Symmetrie – die ist ihm zu unnatürlich. Daher werden sashimi traditionell ungerade angeordnet. Im rechten Bild sind es je drei Stücke (von unten links im Uhrzeigersinn) chutoro, ika, shake, ein ama ebi, suzuki und zwei Stücke saba, die aufsteigend in einem leichten Bogen arrangiertsind. Aber selbst das ist nur eine Skizze im Vergleich zu so aufwendigen Werken wie sugata zukuri (sashimi vom ganzen Schnapper) oder gar ise ebi no zukuri (sashimi von der ganzen Languste).

sashimi der schnitt

Je nach seiner »Farbe« wird Fisch für sashimi unterschiedlich geschnitten, damit er am feinsten schmeckt. Bei fetterem Fisch wie Lachs kann die Scheibe 5 mm dick sein, bei Thunfisch noch etwas stärker. Der Schnitt wird quer zur Faser gesetzt und kann für sashimi gerade geführt werden. Meist wird ein Filet aber schräg und im Winkel zugeschnitten, wie auch für nigiri sushi. Dabei werden die hellen, festen Fische in dünne bis transparente Scheiben geteilt, um dann oft noch 5 Minuten in Eiswasser zu liegen.

Wie bei nigiri ist der Thunfisch auch bei sashimi die begehrteste Delikatesse. Doch selbst mannsgroße Fische liefern nur wenige Stücke, die ein itamae für sashimi-würdig hält. Ganz tabu ist shitami, die Seite des Fischs, auf der er vom Fang bis zum Kauf gelegen und auf der das Fleisch Druck bekommen hat. Von der guten Seite, uwami, interessiert die Profis nur die Bauchseite, hara itcho. Hier sitzt unter der Haut das geschätzte fette Thunfischfleisch. Das Rückenteil, che itcho, besteht eher aus magerem, röterem Fleisch (Seite 44). Aber erst wenn vom hara itcho das verpönte, schwarzrote chiai-Fleisch sowie das dunkelrote akami entfernt sind, hat der itamae was er will: eine flache, vier bis sieben Zentimeter dicke Seite aus zum Teil reich marmoriertem Thunfischfleisch. Das wird in Stränge geschnitten – zwei Finger breit für sashimi, bis zu vier Finger breit für sushi.

nigiri sushi formen

Sanft und mit Schwung werden nigiri sushi geformt, damit sie locker und stabil zugleich sind. Ist der tane frisch, der Reis gut gegart und gekühlt, der wasabi bescheiden portioniert, kann geschmacklich nicht viel schiefgehen. Und wer von sich nicht gleich Kunstwerke nach der Art der Sushi-Meister erwartet, wird mit etwas Übung den Nigiri-Schwung schnell beherrschen. Wichtig: tezu – halb Wasser, halb Essig zum Anfeuchten der Hände.

1 Hände leicht mit tezu einreiben. Rechtshänder nehmen tane mit dem linken Zeige- und Mittelfinger auf und legen ihn quer über die untersten Fingerglieder. Mit der rechten Hand eine knapp golfballgroße Portion Reis aufnehmen und mit sanftem Druck zwischen Fingern und Handballen zu einer abgerundeten Nocke formen.

2 Mit dem rechten Zeigefinger wasabi auf tane streichen. Den Reis auflegen und mit dem Daumen der linken Hand sanft andrücken. Linke Hand leicht um den Reis wölben, den Daumen gegen das Ende legen. Rechten Zeige- und Mittelfinger auf den Reis legen, diesen mit sanftem Druck von allen Seiten formen, dabei die linke Hand locker halten.

3 Sushi wenden. Dazu den linken Daumen auflegen, Hand umdrehen und sushi zwischen Daumen, Zeige- und Mittelfinger der rechten Hand nehmen. Wie anfangs, aber mit Reisseite nach unten, in die linke Hand legen. Diese wieder wölben, den linken Daumen sowie rechten Zeige- und Mittelfinger wie zuvor anlegen und erneut formen.

4 Sushi nun einmal drehen, so dass das andere Ende an den Daumen stößt und erneut wie beschrieben mit sanftem Druck formen. Ideal wäre nun ein leicht abgerundetes nigiri sushi, dessen tane es nicht völlig umschließt. Fehlt noch etwas Form, die drei Durchgänge auf noch sanftere Art wiederholen.

nigiri sushi maguro

Traditionell werden fettere Thunfisch-tane vor dem Servieren mit Sojasauce beträufelt. Damit diese gut haften bleibt, kann toro nach Dandara-Art wellig geschnitten werden. Dazu wird er entweder mit einem Wellenmesser in kurzen Schnitten portioniert oder in kleine Scheiben geteilt, die ziegelartig aufgelegt werden.

Die Karriere des Thunfischs ist eine relativ rasante in der langen Sushi-Historie. Vor gut 150 Jahren begannen die itamae damit, sein rotes Rückenfleisch, akami, in Sojasauce zu beizen. Heute gilt das mit hellem Fett durchzogene Thunfischfleisch toro als edelste Zutat für die weltberühmten sushi nach Tokio-Art, zu denen auch nigiri zählen. Das leicht marmorierte chu toro (großes Bild) findet sich vor allem unter der Rückenhaut. An der Bauchhöhle liegen die begehrtesten Fleischteile: zur Bauchflosse hin das wegen des hohen Fettanteils helle o toro (kleines Bild) und darüber shimo furi. Dessen Fleisch wird nur noch lose von kräftigen Fettsträngen zusammengehalten und schmilzt süßlich auf der Zunge – das Nonplusultra für heutige Sushi-Kenner. Vor hundert Jahren jedoch war es noch Tierfutter.

nigiri sushi tai shake

Atlantik-Lachs, shake, ist der moderne Klassiker unter den Sushi-Fischen. Erst als itamae über die Grenzen Japans hinauskamen, entdeckten sie die erstklassigen Qualitäten des fettreichen, aromatischen Pendlers zwischen Salz- und Süßwasser. Verwendet wird das gleichmäßig dicke Mittelstück des Filets, das je nach Verwendung in einen knapp hand-breiten oder mehrere gut zwei Finger breite Stränge geteilt wird. Auch shake tane wird im Winkel geschnitten, damit er gleichmäßig von Fasern durchlaufen ist.

Was Thunfisch für roten akami dane ist, das ist tai, die Meerbrasse, für weißen shiromi dane – das Beste. Japans itamae schätzen speziell die regionale Art madai sowie Fische, die nicht länger als ein Unterarm sind und sich schon »Winterspeck« angefressen haben. Das Aufschneiden der Meerbrassenfilets für shiromi dane ist typisch dafür, wie weiße Rundfische für Sushi verarbeitet werden. Dazu werden von dem gesäuberten Filet wie beim Räucherlachs schräg dünne Scheiben heruntergeschnitten. Allerdings werden die Schnitte nicht schnurstracks vom Anfang bis zum Ende geführt, sondern seitlich im leichten Winkel und damit ganz quer zur Faser. Dann müssen die Scheiben noch passend für nigiri zugeschnitten werden. Filets von jungen Meerbrassen lassen sich auch samt Haut beizen, um als hikari mono auf nigiri sushi zu kommen (mehr dazu auf Seite 48).

Der Gelbschwanzfisch, buri, ist in Japan erst seit 50 Jahren als weißer sishomi dane populär. Wie die Meerbrasse mögen ihn die Kenner am liebsten im Winter mit fetterem Fleisch. Bei einer Länge von gut 40 cm hat er seine Topform erreicht und wird dann hamachi genannt. Unter diesem Namen steht der Gelbschwanzfisch auch meistens auf der Sushi-Karte. Hamachi-Filets werden längs geteilt, bevor man sie wie die meisten shiromi dane schräg aufschneidet (kleines Bild).

Saba, die Makrele, wird samt Haut zu hikari mono gebeizt (großes Bild, rechts). Grundrezept: Filets mit der Hautseite auf dünne Salzschicht legen, auch mit Salz bedecken. Je nach Fischgröße 1/2 bis 1 Stunde ruhen lassen. Dann mit Wasser und Reisessig (im Verhältnis 50 zu 50) abwaschen. Anschließend in Reisessig einlegen, 1 Stunde ziehen lassen, gut abtropfen lassen. 4 Stunden kühlen und aufschneiden. Makrele wird oft vor dem Beizen (2 Stunden in Salz, 1 in gesüßtem Essig) aufgeschnitten. Aal – aus Süßwasser unagi, aus Salzwasser anago – ist typisch für im Würzsud gegarte nimono dane (großes Bild, links): Filets mit Haut 15 Minuten im Sud aus 2 Teilen Wasser, 1/2 Teil Zucker, 1 Teil Sojasauce, 1 Teil mirin köcheln lassen. Abtropfen und abkühlen lassen, Sud passieren und zu Sirup einkochen. Aal zuschneiden, nigiri formen und Fisch mit dem Sirup, nitsume genannt, bestreichen.

nigiri sushi mit muscheln

Wegen ihrer festeren Konsistenz werden Muscheln für nigiri sushi besonders dünn aufgeschnitten. Die in Japan beliebte rote Venusmuschel, akagai, wird dazu quer fast bis zum Fuß eingeschnitten und dann wie ein Schmetterling aufgeklappt (kleines Bild). Nun können vor dem Belegen die »Flügel« noch mit Schnitten entspannt werden.

Nigiri mit Muscheln spielen in Japan eine große Rolle, sind aber außerhalb des Pazifikstaates eher Raritäten auf der Sushi-Speisekarte. Populäre Ausnahme ist die Jakobsmuschel, hotategai, die roh verwendet werden kann (großes Bild, hinten). Dafür wird der helle Schließmuskel in Scheiben geschnitten, die oft mit einigen Streifen Seetang auf dem Reis fixiert werden. Der orange Rogensack (Corail) wird nur gegart verwendet, traditionell mit dem Muskelfleisch als nimono dane in Würzsauce pochiert (siehe Seite 48). Imposant sehen nigiri mit hokkigai aus, die der atlantischen Trogmuschel ähnlich sind. Ihre Schließmuskel werden im Ganzen (großes Bild, vorne) oder in Scheiben aufgelegt. Taucht man sie zuvor kurz in siedendes Wasser, sind sie bekömmlicher und werden leuchtend violett.

nigiri sushi ebi ama ebi

Die Garnele heisst ebi, doch weil sie selbst in Japan meist gegart serviert wird, steht der Begriff heute für gekochte Krustentiere. Damit das Tier beim Garen gestreckt bleibt, wird am Bauch ein Spieß zwischen Schale und Fleisch eingeführt. Dann wird ebi in Salzwasser 3–4 Minuten sanft gegart, in Eiswasser abgeschreckt, geschält, aufgeschnitten, geputzt und leicht flachgedrückt.

Ama ebi oder amebi steht für rohe Garnelen, doch es ist auch der Name für eine in Japan besonders beliebte Art dieser Krustentiere. Sind diese ganz frisch, dann harmoniert ihr rohes, süßlich mildes Fleisch bestens mit dem leicht säuerlichen Sushi-Reis. Eingeweihte schwören gar auf odori dane, die »tanzenden Garnelen« – sie werden noch lebend zu sushi und speziell sashimi verarbeitet.

Für nigiri sushi sind 10 cm lange Garnelen ideal, die sich auf einen Biss genießen lassen. Sie werden so geschält, dass das Schwanzende stehen bleibt, und dann am Bauch so weit eingeschnitten, bis sie sich nach Schmetterlings-Art aufklappen lassen. Dann muss nur noch der dunkle Darm entfernt werden, bevor es ans Formen geht.

nigiri sushi uni ika tako

Bei manchen nigiri hilft Fingerfertigkeit alleine wenig, um tane und Reis zu verbinden. Die itamae haben das Problem elegant gelöst: Festes Fleisch wie Tintenfisch wird mit Seetangstreifen am Reis fixiert und als obi jime suhsi serviert (großes Bild, vorne). Beim gunkan maki hält ein Nori-Mantel Weiches wie z. B. uni, Seeigel, auf dem Reis (kleines Bild). Mehr dazu auf den nächsten zwei Seiten.

Der röhrenförmige Körper des ika – im Westen bekannt als Kalmar – wurde lange nur gegart als nimono dane verwendet. Heute schätzen ihn Kenner roh mit Biss. Damit der nicht allzu fest wird, teilen itamae oft den gehäuteten, aufgeschnittenen ika waagerecht in zwei Scheiben. Die werden mehrmals längs eingeschnitten und in passende Streifen portioniert (großes Bild, vorne). Der Oktopus, tako, wird immer gegart: Nach dem Abreiben der küchenfertigen Krake mit Salz taucht man sie dreimal kurz in kochendes Essigwasser (5 EL auf 1 Liter), in dem sie dann 4 Minuten stark und 3 Minuten sanft kocht (großes Bild, hinten). Nach dem Abschrecken in Eiswasser werden nur die Arme verwendet. Eine andere Methode ist, tako in etwa einer Stunde in einem gesüßtem Essig-Salz-Sud weich zu kochen.

nigiri sushi | gunkan maki

In der Sushi-Historie sind gunkan maki die jüngsten Klassiker, ebenso hat die Verwendung von Rogen eine kurze Geschichte. Neben tobiko und tarako (Heringsrogen) gilt ikura, der Rogen vom Lachs, als Delikatesse (kleines Bild). Den mögen Japans Sushi-Fans am liebsten frisch und nicht oder nur wenig gesalzen. Der oft etwas klebrige Keta-Kaviar sollte daher immer ganz kurz abgespült werden.

Obwohl sie in Aussehen und Namen eher an mit der Matte gepresste hoso maki erinnern, sind gunkan maki auch nigiri sushi. Denn der Reis wird auch bei ihnen stilecht mit der Hand geformt, mit wasabi bestrichen und mit tane belegt. Weil dieser aber weich bis flüssig ist wie etwa Rogen von fliegenden Fischen, tobiko (großes Bild), kommt zuvor zur Stütze ein Rand aus getrocknetem Seetang drumherum. Dazu wird ein 2 bis 3 cm breiter Querstreifen vom Nori-Blatt mit der glänzenden Seite nach aussen um den Reis gelegt. Dessen Feuchtigkeit lässt das Blatt von selbst haften – allerdings auch an den Händen, wenn sie nicht trocken sind. Die gunkan maki heißen »Schlachtschiff-Sushi«, da sie oft aus einem Stück Sushi-Reis länglich wie eine Schiff geformt werden.

tamago

Am Ende eines Nigiri-Mahls werden diese mit süßlichem Eierkuchen belegten sushi genossen. Dabei können Streifen von einem flachen Omelett »aufgesattelt« werden, bei dem manchmal noch Fischfarce in der Eimasse steckt (großes Bild). Oft sind es auch Scheiben aus dem in der rechteckigen tamago yaki ki (Seite 28) gegarten und gerollten Eierkuchen, dessen Zubereitung hier beschrieben wird.

1 Für eine Rolle 4 Eier mit je 3 EL dashi und Zucker sowie je 1 EL mirin und Sojasauce glatt rühren (oder: 4 Eier mit je 1 EL Zucker und mirin verrühren). Pfanne erhitzen, mit Öl auswischen und den Boden dünn mit Eimasse ausgießen. Diese bei sanfter Hitze stocken lassen.

2 Ist das Ei unten fest ohne zu braun zu sein und oben noch leicht flüssig, den Rand des Omeletts mit Stäbchen oder Wender lockern. Das äußere Drittel des Omeletts zur Mitte hin falten und dieses aufs letzte Drittel in Richtung Pfannenstiel falten. Die ganze Rolle wieder an den Aussenrand schieben.

3 Nun erneut etwas Ei in die Pfanne geben. Diese dann leicht schräg halten und die Rolle kurz anheben, damit Ei darunterläuft. Dann wie zuvor die Rolle zur Mitte und dann zum Stiel falten. Auf diese Weise aus der ganzen Eimasse eine kompakte Rolle formen.

4 Zum Schluss bringt der itamae das Omelett durch Pressen mit einem in die Pfanne eingepassten Kantholz in die rechte Form. Das kann auch durchs Pressen mit der Sushi-Matte, makisu, geschehen. Abgekühltes tamago wird in stäbchendicke Scheiben geschnitten und mit Nori-Streifen auf dem Reis fixiert.

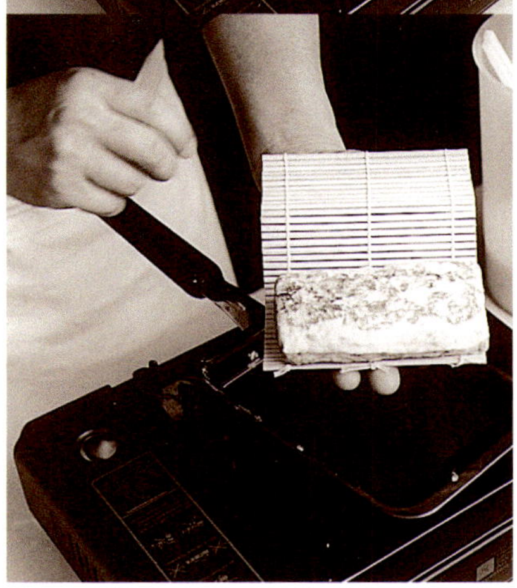

hoso maki mit fisch

Gu wird in Japan die Füllung der maki sushi genannt, und traditionell werden maki von einem gu auf der Schnittfläche und immer paarweise serviert. Zugleich gilt aber die Regel: Maki-Rollen mit Fisch werden in sechs Scheiben geteilt. Weswegen Genießerpaare auch bei einer frischen Dreier-Kombination (kleines Bild) nicht die Nase rümpfen.

Darf man Geschichten aus Spielhöllen glauben? Tatsache ist, dass die »tekka« in Japan einst Treffpunkt für Gangster war, die bei ein paar Happen Reis und Fisch Karten spielten. Was dabei störte, waren die klebrigen Hände und der Trick einiger Spieler, Karten mit Essensspuren zu zinken. So gab´s in der tekka schließlich Reis und Fisch im Nori-Blatt – wie die Legende berichtet. Sicher ist, dass hoso maki das vorläufige Ende dieser Entwicklung sind – sushi von der Nori-Rolle mit Reis und simpler Füllung darin. Wie die mit Lachs gerollten shake maki (kleines Bild, links). Doch die können auch aufwendiger mitsamt seiner gebratenen Haut und Gemüse darin als shake kawa maki serviert werden (großes Bild). Die Klassiker sind aber hoso maki mit Thunfisch (kleines Bild, rechts). Und die heißen – tekka maki. Was die Geschichte fast so wahr wie schön macht.

hoso maki formen

Hoso maki sind der ideale Einstieg ins Rollen von sushi mit der Bambusmatte, makisu. Das Tempo eines itamae kann dabei nur Vorbild sein, doch die ebenso wichtige Vorarbeit ist schnell gelernt. Wer dann mit der Zeit den richtigen Schwung raus hat, wird auch mit den dickeren futo maki und den »inside out rolls«, siehe Seite 71, zurecht kommen. Maki sushi schmecken frisch am besten, können aber auch in Küchenpapier und Folie gewickelt auf´s Schneiden warten – maximal 1 Stunde und nie im Kühlschrank.

1 Fischfilet in 1 cm dicke Streifen passend zur Länge des Nori-Blatts schneiden. nori längs halbieren und mit Glanzseite nach unten auf die makisu legen – in gut 2 cm Abstand zur näheren Kante. Hände leicht mit tezu (1 Teil Essig, 1 Teil Wasser) befeuchten, eine gut golfballgroße Portion Sushi-Reis zum länglichen Laib formen.

2 Reis auf eine Seite des Nori-Blatts legen und durch Verstreichen mit feuchten Händen 1 cm dick ausbreiten. An der entfernten Längskante 2 cm Platz lassen und dort am Rand den Reis etwas erhöhen. In die Mitte der Länge nach mit dem Zeigefinger dünn wasabi streichen. Darauf einen leicht überhängenden Fischstreifen legen.

3 Fischstreifen mit den Fingerspitzen einer oder beider Hände festhalten, Mattenende zwischen Daumen und Zeigefinger halten. Nun durch Vorziehen der Matte nori und Reis einmal um den möglichst lange gehaltenen Fisch rollen. Das blanke Endstück des nori freihalten. maki mit Daumen und Fingern von drei Seiten leicht pressen.

4 Mattenende stramm vorziehen, so dass maki aufs freie Stück nori rollt. maki mit Fingern und Daumen zugleich in runde oder eckige Form pressen (großes Bild). Messer in tezu tauchen, maki halbieren, Hälften hintereinander legen und in je 3 gleichgroße Stücke schneiden. Messerklinge nach jedem Schnitt abwischen und befeuchten.

hoso maki mit gemüse

Für maki sushi ohne Fisch werden auch fermentierte Sojabohnen, natto maki, salzig eingelegte Pflaumen, umeboshi maki, oder Ei, tamago maki, verwendet. Moderne gu sind Auberginen, Avocado, shiitake oder Spargel. Nur selten wird wasabi genommen, da er den zarten Geschmack vieler Gemüse übertönt. Deswegen werden vegetarische hoso maki auch oft dicker geschnitten.

Lange haben itamae Gemüse nur als Zusatz zum Fisch beim Formen von größeren maki sushi verwendet. Die Geschichte von hoso maki mit rein vegetarischen gu ist noch sehr jung – und sehr erfolgreich. Die mit Gurken und oft Sesam gefüllten kappa maki (großes Bild, Mitte) gehören inzwischen genauso zum Standard auf Sushi-Platten wie tekka maki.

In Japan wird dafür eine spezielle Gurke (mehr dazu auf Seite 20) im Ganzen kurz blanchiert und in Eiswasser abgeschreckt. Salatgurken müssen zuvor geschält, entkernt und in passende Streifen geschnitten werden. Mit eingelegtem daikon werden es takuwan maki (großes Bild, hinten).

Für kampyo maki (großes Bild, vorne) werden spezielle getrocknete Kürbisstreifen – kampyo – 2 Stunden bis 1 Tag lang in Wasser eingeweicht, dann darin 10 Minuten sowie 5 Minuten in einem süßlichen Dashi-Soja-Sud gekocht.

futo maki die grosse rolle

Zur Klärung des Geschmacks naschen Sushi-Fans beim Essen gari, süß eingelegten Ingwer. Selbst gemacht schmeckt er am besten: 8 EL sake, 2 EL mirin, 1 TL Zucker und 1/2 TL Salz erhitzen. 100 g geschälten Ingwer ganz dünn hobeln, 30 Sekunden in kochendes Wasser tauchen. Abtropfen lassen, mit heißem Sakesud bedecken und 24 Stunden ziehen lassen.

Platz für Experimente lassen futo maki, die »dicken Rollen«. Geformt werden sie wie hoso maki mit ganzem Nori-Blatt und doppelter Portion Reis. Die Kunst besteht darin, die Zutaten des gu optisch und geschmacklich abzustimmen. Stets kommen Gemüsestreifen dazu: Avocado, Gurke, Spinat, kombyo, shiitake, auch Omelett. Statt Fisch stecken oft Garnelen im futo maki, meist sind sie ganz fischfrei – abgesehen vom tobiko, dem Rogen des fliegenden Fischs. Eine weitere Spezialität ist oboro: Weisses Fischfilet wird pochiert, ausgepresst und in Flocken zerkrümelt, dann unter Rühren mit Salz, Zucker und Speisefarbe im Sieb gedämpft. Oboro wird wie tobiko vor dem gu auf den Sushi-Reis verteilt. Die futo maki können rund, quadratisch oder dreieckig geformt werden, bevor sie in acht Stücke geteilt und in zwei bis drei Bissen genossen werden.

ura maki inside out roll

California rolls heissen eigentlich alle futo maki im US-Stil, deren gu aus Garnelenfleisch, Avocado, Gurke und dem Rogen von fliegenden Fischen besteht – plus Mayonnaise statt wasabi. Doch inzwischen steht der Name eher für inside out rolls nach dieser Art, bei denen der Rogen außen sitzt (kleines Bild). Wie sie gemacht werden, steht auf der nächsten Doppelseite.

»Tempura? Klar japanisch!« Nicht ganz – tatsächlich haben portugiesische Missionare das Frittieren im Teig in Japan eingeführt. Dass solche kulinarischen Entwicklungsprogramme nicht nur in eine Richtung laufen, beweisen die ura maki. Bei diesen verkehrten futo maki liegt der Reis außen und das Nori-Blatt innen, was ihre Zubereitung nicht ganz einfach macht. Auch deswegen waren ura maki in Japans Sushi-Bars lange die raren Exoten, wie unakayu maki mit Aal, Gurke und Sesam (großes Bild). Doch den Sushi-Fans in den USA waren die Reishappen mit hübschem Innenleben vertrauter als die klassischen hoso oder futo maki mit ihrer dunklen Seetanghülle. Mit dem Ergebnis, dass die gewendeten Sushi heute in der Welt nur noch als »inside out rolls« bekannt sind. Japanischer als tempura sind sie trotzdem.

ura maki formen

Für california inside out rolls ist das Signal tobiko, der in knalligem rotorange leuchtende Rogen von fliegenden Fischen. Er wird nach dem Schneiden auf die Oberseite gestrichen (großes Bild), so dass er später rundum anhaftet. Das Wenden der fertigen Stücke in der Garnitur klappt vor allem bei Rolls mit Sesamhülle gut.

1 Matte mit Folie umwickeln. Noriblatt mit glatter Seite nach unten auf Folie legen. Hände mit tezu (1 Teil Essig 1 Teil Wasser) befeuchten. Eine knappe Hand voll Sushi-Reis gleichmäßig 1 cm dick bis fast zum Nori-Rand verstreichen und leicht festdrücken.

2 nori mit Reis behutsam aufnehmen und mit Reisseite nach unten wieder auf die Folie legen. Dabei darauf achten, dass nori an feuchten und Reis an trockenen Händen kleben kann. Alternativ: Folie nach Auftragen von Reis auflegen, alles wenden mit einer Hand unter der Matte und einer auf der Folie. Dann Folie auf die Matte ziehen.

3 Nach Wunsch 1 Streifen Mayonnaise auf die nähere Nori-Hälfte streichen, wer mag, kann auch ein klein wenig wasabi nehmen. Darauf jeweils in einer Reihe und möglichst kompakt 5 mm dicke Streifen von Avocado und Gurke sowie gepulte Garnelenschwänze legen.

4 Daraus wie bei den hoso maki (Seite 65) in Schritt 3 eine Rolle formen, bei der 2 cm nori überstehen. Die Rolle mit Daumen und Fingern zugleich leicht pressen. Nun das Mattenende anheben und vorziehen, so dass die Rolle sich über dem restlichen Nori-Streifen schließt. Nachformen, in 8 Stücke schneiden und garnieren.

temaki sushi easy

Zum Temaki-Rollen braucht es nicht mehr als zwei Hände: Nori-Blatt in die eine nehmen, Querhälfte mit Reis bestreichen, dabei rundum Platz lassen. Wasabi oder Mayonnaise von der obereren Ecke her diagonal darüberstreichen. Füllung drauf und nori samt Reis von der unteren Ecke her diagonal drum herumrollen, bis eine Tüte entsteht. Geht auch mit einem halben Nori-Blatt sowie Reis und Füllung nebeneinander.

Nach all der Nigiri-Jonglage und Maki-Artistik wird's Zeit für Entspannung – Zeit für die »easy sushi« temaki. Easy deswegen, weil die Nori-Tüten leicht mit der Hand gerollt werden können, ohne dass strenge Regeln zur Methode und Füllung stören. Manche itamae drücken die Tekami-Zutaten einfach nur in die Hände ihrer Gäste, die sich dann beim sake ihren Spaß damit machen. Und wenn in Japans Familien sushi gerollt werden, gibt es auch oft temaki. Die können so simpel sein wie negitoro temaki mit gehacktem Thunfisch, Frühlingszwiebeln und wasabi (kleines Bild). Aber auch Räucherfisch, Sardine, Tempura-Garnele oder Rinderfilet sind schon in Nori-Tüten gesichtet worden. Dagegen sind california temaki mit Avocado, Gurke, Garnele, tobiko und Mayonnaise (großes Bild) fast schon Klassiker.

chirashi sushi fast schon sashimi

Je nach Gefäß werden chirashi sushi mit 250 bis 400 g gegartem Reis serviert. Wird beim Belag die Harmonie der Farben und Aromen respektiert, ist alles an tane und gu aus diesem Buch möglich. Auch tofu, eingelegter Ingwer, gerösteter Sesam und Nori-Stücke werden verwendet – und im Winter gibt es chirashi in Japan sogar gedämpft als wärmende mushi sushi.

In chirashi sushi vereinen sich diverse Spielarten der Kunst der itamae – was die Kompromisslosen unter ihnen gar nicht so gut finden. Auf den ersten Blick sehen die »gestreuten Sushi« in ihren kunstvollen Schalen oder schlichten Körben wie sashimi aus. Doch darunter liegt eine Schicht Sushi-Reis, was den Fisch zum tane macht und ans traditionelle Sushi-Pressen im Fass erinnert – nur das bei chirashi sushi nichts gepresst wird. Was ja auch schade wäre bei einer so reichen Kreation wie dieser hier. Sie besteht aus Lachs, Thunfisch, Garnelen, Jakobs- und Hokkigai-Muscheln, Tintenfisch, Oktopus, japanischem Omelett und kampyo, eingelegtem Kürbis. Feiner Seetang und mit Tobiko-Rogen gefüllte Blätter der japanischen Minze, shiso, vollenden das kulinarische Kunstwerk.

shiru mono wohltuende wärme

Japans Suppen werden in der Sushi-Bar zur Belebung zwischen den Bissen aus Deckelschalen geschlürft. Basis-Sud ist fast immer dashi aus Algen und Trockenfisch. Alle Rezepte auf dieser Seite sind für 4 Personen.

DASHI

Für Japans Grundbrühe braucht man kombu, getrocknete Algenblätter, und Flocken vom geräucherten getrockneten bonito aus dem Asienladen. Für 4 Portionen 8 x 8 cm kombu abwischen, in 1 Liter kaltes Wasser geben und aufkochen. 1 Minute ziehen lassen, heraus nehmen. 100 ml kaltes Wasser zugeben, 20 g Bonitoflocken einstreuen, leicht nach unten drücken. Sud aufkochen und köcheln lassen, bis alle Flocken abgesunken sind. Dann dashi durch ein feinmaschiges Sieb gießen oder schöpfen. Dabei Bonitoflocken nicht rühren und aufwirbeln. Für leichteren dashi (gut für Miso-Suppen) werden Kombu- und Bonito-Reste in 1 Liter Wasser 15 Minuten ausgekocht.

MISO

Gut 1 Liter leichten dashi (oder starken dashi zur Hälfte mit Wasser gestreckt) aufkochen und vom Herd ziehen. Sieb mit 50 g heller Sojabohnenpaste, miso, in dashi halten und miso sanft mit dem Löffel durchs Sieb rühren. Suppe bis vor den Siedepunkt erhitzen und vom Herd ziehen. 20 g roten miso durchs Sieb rühren, erhitzen. 200 g gewürfelten tofu, feine Ringe von 1 Frühlingszwiebel und eingeweichte Streifen der Wakame-Alge zugeben.

MISO WAN

Hier werden Gemüse mit typischem, aber nicht zu starkem Geschmack so verwendet, dass sie am Ende aromatisch wie optisch harmonieren. Dabei werden die meisten Gemüse vorgegart, in Schalen angerichtet und dann mit heißer Miso-Grundsuppe aufgegossen, die leicht mit Sojasauce und mirin abgeschmeckt ist. Grünes wie Spargel, Zucker- oder Okraschoten und Bohnen wird in Salzwasser oder leichtem dashi knackig gekocht und in Eiswasser abgeschreckt, damit es nicht grau wird. Wurzeln wie Möhren oder Rettich müssen nicht abgeschreckt werden, Pilze wie shiitake oder die dünnen enoki können auch roh in die Suppe kommen.

ASARI MISO WAN

Eine Spezialität für fortgeschrittene Suppenköche: 1 kg küchenfertige Venusmuscheln (offene wegwerfen) abbrausen und entbarten. Muscheln im Topf mit 500 ml sake bedecken und zugedeckt aufkochen, bis sich nach etwa 1–2 Minuten die Schalen öffnen. Geschlossene Muscheln aussortieren, übrige auslösen und mit feinen Ringen von 1 Frühlingszwiebel auf Suppenschalen verteilen. Muschelsud – es sollten 600 ml sein – durch einen Kaffeefilter in einen anderen Topf gießen, dazu je nach Würze des Suds 300 bis 400 ml Miso-Grundsuppe geben. Mit Ringen von einer Frühlingszwiebel erhitzen, leicht mit sake abschmecken und auf Schalen verteilen.

OSUI MONO

Für diese japanische Meeresfrüchte-Suppe werden eine Hand voll Shiitake-Pilze entstielt und in Streifen geschnitten sowie 2 Frühlingszwiebeln in feine Ringe geteilt. Dann 4 Jakobsmuscheln quer halbieren, 4 rohe Garnelen auslösen und 100 g Seebarsch-Filet in mundgerechte Stücke schneiden. Nun 1 Liter dashi mit 1 Prise Salz und 1 TL leichter Sojasauce aufkochen. Vom Herd ziehen und Garnelen sowie Seebarsch darin 1 Minute ziehen lassen. Shiitake, Frühlingszwiebeln, Jakobsmuscheln und einige Streifen eingeweichten wakame in 4 angewärmte Suppenschalen verteilen, Suppe samt Einlage darüber gießen und servieren.

ocha grüner tee

So wird grüner Tee gemacht:

Für ein Halbliterkännchen 1 bis 2 TL Blätter in eine Kanne oder weiten Filter gegeben. Darauf Wasser gießen, das nach dem Aufkochen in 10 Minuten auf 70 bis 80 Grad Celsius abgekühlt ist – so kommt die Frische der »unvergorenen« Blätter ganz zur Geltung. Sencha-Teeblätter 1 Minute ziehen lassen, bancha 2 bis 3 Minuten. Tee durchs Sieb gießen oder Filter entfernen.

Wer seinen Tee zeremoniell genießen will, der ist in der Sushi-Bar falsch. Hier konzentrieren sich Ritus und Geschick alleine auf das Formen von nigiri und maki, die auf einen Happen statt in kleinen gesitteten Bissen genossen werden. Wollten die Gäste an den Sushi-Ständen von einst Tee zum Fisch, rührten ihnen die itamae schnell höchstens etwas kon cha aus Schwarzteepulver und heissem Wasser an. Der wird in manchen traditionellen Sushi-Lokalen Japans bis heute serviert. Üblicher ist es aber inzwischen, während des Essens an grünem Tee zu nippen.

Denn dessen Geschmack ist mild genug, um das Sushi-Aroma zu heben statt es zu unterdrücken. Deswegen werden zu sushi auch die eher schlichten Sorten bancha oder sencha serviert statt ausgeprägte Edeltees wie der gyokuro.

東京
〒141-8651 東京都品川区
JR・目蒲線「目黒駅」徒歩3分

沢の鶴

sake reiswein

Der Zusatz junmai shu auf dem Etikett bedeutet, dass sake nur aus Reis, Wasser und koji ohne Zusätze (auch von Alkohol) gebraut ist. Honjozo shu steht für traditionell mit wenig Extra-Alkohol gebrauten Qualitäts-Sake. Bei besonders fein geschliffenem Reis als Basis wird noch von ginjo shu und daiginjo shu, dem Spitzen-Sake, gesprochen. Futsuu shu heißt der Rest, unter dem es aber immer noch gute sake fürs »Dazu« gibt.

Japans sake ist ein Mysterium im Extrem. Reiswein heißt er, auch wenn er ähnlich wie Bier gebraut wird. Was dabei entsteht, ist für manche so ehrwürdig wie großer Wein, für andere nichts als süßes Zeug. Die Wahrheit liegt dazwischen: Guter sake wird aus fein geschliffenem Reis, reinem Wasser, Hefe, dem aufwendig gezüchteten Reispilz koji und allenfalls wenig Extra-Alkohol gebraut. Reisschliff und Alkoholzusatz entscheiden über die Qualität. Reissorte, Wasser und koji prägen das Aroma. Das ist wegen des Restzuckers immer süßlich, doch spielen wie bei Wein Duft, Säure, Körper und Abgang eine Rolle. Mit Bier hat sake gemeinsam, dass er frisch nach seinen sechs Monaten Reife am besten ist. Guter sake wird leicht gekühlt bis lauwarm serviert, und so ist er auch ein guter Partner für sushi. Brühwarmer sake verliert an Charakter – und versteckt seine Fehler.

SUSHI VON A BIS Z

Aal 48
akagai 18
Alse 17
Aroma 15
asari miso wan 81
Ausnehmen 27
Avocado 20

Beilagen 12
Bonito 17

California rolls 71, 72
chirashi sushi 77

daikon 21, 67
dashi 80

easy sushi 74
ebi 16, 52
Ess-Technik 12

Filetieren 43
Fleischfarben 15
Formen von maki 65
Formen von nigiri 43
Frische 15, 35
Füllung für maki 62
futo maki 68

Garnelen 16, 52
Gelschwanzfisch 48
Gemüse-maki 67
Geschichte 10 f
gunkan maki 56
Gurke 20, 67

hamachi 48
hamaguri 19
hangiri 28
Harmonie 36
Häuten 27
hocho 24
hokkigai 19
Holzschale 28
hoso maki 62 ff
hotategai 18

ika 55
Ingwer 20, 29
Ingwer, süß eingelegt 68
Inside our rolls 65, 71, 72
Itamae 8 ff

Jakobsmuschel 18, 51

Kaviar 56
Kürbis 67
kyuri 20

Lachs 16, 39, 47

maguro 17, 44
maki sushi 60 ff
makisu 29, 65
Makrele 17,48

Matte 29, 65
Meerbrasse 47
Meeresfrüchte 17
Meerrettich 23
Messer 24
miso 80, 81
Muscheln 51

nigiri sushi 41 ff
nori 21

ocha 82
Oktopus 17, 55
Omelett 59
Omelett-Pfanne 28
oroshi gane 29
osui mono 81

Pilze 21

Qualität 15, 35

Reibe 29
Reis 30
Reisessig 23
Reiswein 23,87
Rettich 21,67
Rogen 56

saba 17, 48
sake 85
Sardine 17
sashimi 33 ff
Schnitt 39, 44, 47
Schwertfisch 17
Seetang 21
shake 47
shiitake 21
shoga 20
Sojabohnen 67
Sojasauce 23
Stäbchen 12
Suppen 80
Suzuki 16

tai 47
tako 55
tamago yaki ki 28
tamago 59
tane 15
Tee,grüner 82
temaki 74
tezu 43
Thunfisch 17, 39, 44
Tintenfisch 17, 55
toro 44
Trogmuschel 19

unagi 48
ura maki 71 ff
Ur-Sushi 10

vegetarische maki 67
Venusmuschel 18, 19, 51
Vorbereiten 27

wasabi 23
Wolfsbarsch 16